Les Ombres éclairent

Poésie(s)
Collection dirigée par Philippe Tancelin

Déjà parus

Richard ROOS-WEIL, *Chansons de gestes*, 2020.
François AUGÉ, *Voyage au Sud*, 2020.
Colette-Madeleine IDRISSI, *J'ai toujours voulu vous le dire*, 2020.
Alain FLAUD, *Le nuage ou le temps oublié*, 2020.
Sarah MCKENNA, *Sous ma peau*, 2020.
Iocasta HUPPEN, *Poésie brève d'influence japonaise, Atelier d'écriture et poèmes choisis,* 2019.
Marie-Claire MAZEILLÉ, *Lettres au Veilleur*, 2019.
Irène SHRAER, *Ton ombre est ma lumière*, 2019.
Philippe DELALANDE, *Joie de vivre*, 2019.
Nicolas THIRY, *Les herbes folles*, 2019.
Claude WIND, *Lisière et passages*, 2019.
Jérémie PINGUET, *Aimer, rimer, 150 poèmes pour réinventer l'amour*, 2019.
Alina-Mihaela SCARLAT, *Les fleurs du Grand Dehors*, 2019.
Shqiponja DURO, *Lueur de pluie dans mon cœur*, 2019.
Diane DESCÔTEAUX, *Brin de paille dans les cheveux*, 2019.
Irène CLARA, *Silences mots et soupirs*, 2019.
Meriem BEKKALI, *Mort ensoleillée*, 2019
LI QINGZHAO, *Sur des airs anciens*, 2019.
Rafik HIAHEMZIZOU, *Songes de voyages*, 2019.
Henri LE GUEN-KÂPRAS, *La porcelaine de l'aveu*, 2019.
Joelle KABILE, *Nous, nu*, 2019.
Andrée PHILIPPOT-MATHIEU, *Brèves d'insomnie*, 2019.
Hanane HAZI, *Berbérité*, 2019.
Rafaël DEVILLE, *Bleues,* 2019.
Laurent THINES, *Cubes poétiques (Lignes de vie)*, 2019.
Hubert LE BOISSELIER, *Imago*, 2019.
Jean-Michel CARTIER, *Poèmes étrangers (1956–2009),* 2019.
Judy PFAU, Acts of Grace, Actes de Grâce, Poems, Poèmes, 2019.

Alain Zecchini

Les Ombres éclairent

© L'Harmattan, 2020
5-7, rue de l'Ecole-Polytechnique, 75005 Paris

www.editions-harmattan.fr

ISBN : 978-2-343-20692-9
EAN : 9782343206929

Hors du néant

Mais être un tapotis d'argent
sur la poterne de l'oubli, cela, elle en était capable,
et même dans son apparente
insignifiance de parole muette.
Si elle se prêtait, ou plutôt
se donnait bien des intentions
d'obtenir une réponse du rien,
celui qui occulte la mémoire
des images que l'on a pu vivre,
c'est parce qu'elle était persuadée
de leur permanence, quelque part,
comme empreintes gardées par le temps,
et de leur pouvoir de répondre
à l'appel, afin de renaître
dans une nouvelle existence

Malgré les nœuds

Un condominium de passages obscurs
dans une glaise
qui refuse de dire son nom.
Le temps ne se déprécie pas
comme il le devrait, il tient rageusement
à sa figure de l'instant
d'avant. Aucun souverain du royaume
de l'entre-mort ne peut jamais se glisser,
en devenant une feuille d'attente,
entre les grands fûts de chêne constituant
les radeaux qui portent
les cargaisons d'âmes. Seule, plutôt loin,
l'esprit pourtant clair
et détaché, une silhouette de Peter Pan
un peu âgé. Elle montre un sourire

Engendrement

Dis-toi bien que le roi avait
trop longtemps cru à sa couronne ;
qu'il s'était un peu atrophié,
ne vivant que pour son image ;
et qu'un changement pouvait, un jour,
venir, et le régénérer.
Car lorsqu'il traverse le gué
du fleuve de terre, dont les esprits
suscitent les métamorphoses,
il devient un pur accent grave,
ponctuant, pour les mettre en valeur,
les mots-créatures qui peuplent
un monde au-delà des formes,
n'ayant pas besoin d'un récit

Petits pas purs

Des reprises d'argent distingué, dans les yeux sombres un peu perdus.
Des œuvres d'art aux formes vagues, qui se chevauchent, mais ne semblent pas du tout inquiètes.
Des écoulements de graines du temps, par les conduits s'ouvrant du ciel, vers les mangeoires.
Les chevaux doivent être sortis tous les jours pour affronter leur périssable, sinon ils se figent en statues.
Nous avançons comme innocents de nos miracles.

En clair de signe

La cité du palais de cristal au cœur d'or blanc est droit devant. Là se dépose, en glacis de couches translucides, la paix du monde, sur les foyers-rues. Jamais ne vient le signe rouge, du fond du ciel, pour rappeler la mortalité. Vivre en ce lieu est réservé à quelques périssants d'éternel.

Voie organique

Le fleuve qui va se mettre en forme
comme souvenir jamais vécu,
mais existant, car généré
dans son attente, serpente
parmi les collines de l'aigle
à deux têtes. Un temps
de véracité l'accompagne.
L'oiseau bicéphale, lui, ne bouge pas,
il se laisse toujours pénétrer,
entre ses repères du futur
et du passé. Brindille après
brindille tirées de la poussière,
empreinte après empreinte
reconnues par la terre,
la réminiscence advient, cristallise
son être, afin d'apparaître
dans le présent, et se donner la gravité
qui lui manquait à l'origine

Le Sans-Nom

L'étant-soi au-delà de soi,
dans un espace de l'ineffable,
est à l'écart de toute raison,
il ne se vit qu'en persuasion
et se reconnaît, projeté,
de par sa nature sublimée.
Et même quand sa terre lui enjoint
d'entretenir ses attachements,
il continue à cultiver
son imaginaire, crée des êtres,
des pays, et des situations,
qui sont bien aussi l'expression
de lui-même, en son détachement

Les engagées

Des plaques de terre tendres et âgées,
qui sont dans une attente discrète
et pourtant pleine de conviction,
tout autour du puits insondable
d'où l'on tire une eau qui pourrait
donner une nouvelle jouvence.
Elles se tiennent là depuis longtemps,
sans avoir le moindre désir
de recevoir même quelques gouttes
pouvant s'échapper du seau
que l'on remonte, à intervalles,
et de revivre leur état,
premier, de glaise informelle.
Mais elles sauraient bien accueillir
les empreintes un jour déposées
par un passager du temps,
lui-même non intéressé
à faire revivre sa jeunesse,
et par contre estimant utile
d'attribuer une petite mémoire
à sa traversée des âges.
Cela sera. Un étranger,
venu d'un pays de l'ailleurs,
passant par là, les comprendra,
dans leur espoir, et leur donnera,
posant les pieds sur leur surface
reconnaissante, satisfaction

Le missionné

Il devait charger la peau de chamois ancien sur ses épaules, il avait déjà deux gros sacs à porter, remplis de désabondance. Mais l'air était sec, et diffusant un loin-de-la-tête accentué. Il fallait bien en gravité d'histoire prendre toute la mesure des cailloux tranchants de la route.

Revenances

Des morts qui s'enfantent, assez vivement, et apparemment avec une grande persuasion, d'eux-mêmes, et deviennent présences translucides (discernables, naturellement, par ceux-là seuls qui croient en leur survie). Ils se tiennent alors, sont embarqués, sur les traîneaux d'argent de la promesse d'une transfiguration qui passait, attentive, dans le pays du temps d'ailleurs, le sol était gelé, mais quelques murmures en sortaient, les leurs, qui avaient pu la saisir au vol et se porter vers sa lumière. Et ils iront, glissant sur les neiges du silence, frapper aux portes de l'oubli, afin de trouver la place qui leur est due, depuis toujours, dans les résonances des vivants.

Au loin-réponse

Caravelles de vermeil aux ailes
prises dans le souffle de beauté
du sphinx assis sur l'horizon.
Elles sont parties en inquiétude,
le grand large n'annonçant
que des images de l'absence,
ou pire, de l'indifférence.
Mais elles sont capables maintenant
de se dire pleinement reconnues
du plus ancien, là où le sable,
la pierre et l'eau se sont unis
pour créer l'animal sacré

Mort, où es-tu ?

Nous embarquons pour les îles d'or
qui se montrent, au jour finissant,
juste un peu plus haut que la terre,
et s'étirent vers un infini.
Sommes-nous vraiment prêts à les vivre,
et avec elles, cette lumière
de beauté-vérité. Partir
en nous détachant de nos îles,
fatiguées par leur pesanteur,
ne semble pas trop difficile ;
mais se lier à la destinée
de celles-là, qui sont dépourvues
de toute gravité apparente,
au point d'en partager le terme,
quand les reprendra cet espace
qui va enfanter la nuit,
voilà qui devrait nous priver
de notre propre mortalité

Belle âme

Cheval de bois qui s'enlève, depuis les profondeurs régnantes, dans le lit d'une inspiration portée par des voiles d'azur tendre, prometteur et désenclavant. La plainte ne le concerne pas encore. Il sait qu'elle viendra. L'infini est d'un naturel plutôt farouche. Et s'il se laisse sentir, c'est à distance de sécurité. Il gagne sûrement à être connu, mais le cheval, comme tout vivant, ne peut y prétendre. Il monte quand même. Le temps s'élargit un peu – juste assez pour laisser entrer cette présence dans le couloir de l'invisible. Ni reflet ni ombre, évidemment, ne l'accompagnent, il écarte doucement la lumière. Il y a un coeur de chapelle en lui, fait de son image incomplète, intranquille, toujours incomprise, mais répondante.

Les brumes sont claires

Vous voudriez vous lancer dans la chasse au taureau du vide ? Vous devez savoir ceci : elle est extrêmement dangereuse. Vous risquez de disparaître en lui, si une seule de vos émanations lui parvient.

Mais si vous enterrez mon âme, par faiblesse, bêtise, ignorance ou volonté de nuire, comment pourra-t-elle se nourrir ?

Depuis la dédicace du Mont-Olive, comme signe de reconnaissance, ils se vivaient en bonheur fou.

Fleurs-du-simple

Mais le temps des perles de cristal
à travers lesquelles se montraient
des clairières où venaient danser
de grands lièvres d'août, malgré
la canicule, sous le regard
très bienveillant de fossoyeurs
du monde cynique, les justiciers
si peu connus, là aussi
où des brises de mer,
après leur voyage dans les terres,
laissaient tomber leur sens usuel
de porte-paroles d'un espace
immense se voulant origine et fin,
pour s'intégrer d'une jouvence
ouverte au temps à constituer,
là encore où des esprits fins,
sans rime ni raison, les très-beaux,
échangeaient les lignes de leurs mains,
ravis des modifications,
du tour joué à leur destinée –
ce temps-là, s'il n'a pas vécu,
si d'aucuns, même, le considèrent
comme mort-né, a bien existé,
quelques présences d'amour longeant le vide
lui ont donné sa vérité

Comme jeté ici

Tant de molosses
qui vous poursuivent
pour supprimer votre futur.
Et tant de papillons blancs,
autour de la tête, voletant,
mais qui disent l'avenir éphémère.
Se brise le miroir, il s'unit
en lui à nouveau, et puis
se brise encore. La corde raide,
pleine de nœuds durs,
qui blessent les mains,
la tenir dans le vent du temps
dénué de la moindre empathie.
Seuls quelques parfums d'outre-sens
peuvent monter, légers, de la terre.
Le dos usé doit supporter
le poids de l'image qu'il incarne,
celle devant lui faire traverser
les ombres de sa destinée

Les rêts, toujours

Il a l'air de se contracter,
de s'amoindrir, d'être engagé
sur la voie d'une résorption,
le temps de son exposition
ne devant plus se justifier,
dans le triomphe de la lumière,
et la paix immense du ciel bleu.
Réduit à quelques expressions,
quelques pulsions, en grande partie
dénuées du pouvoir de nuisance
qu'il manifestait jusque-là,
il donne à l'être le sentiment
de ne plus se voir instrument,
objet, conditionné par la souffrance.
Mais le tragique est plus retors
qu'on ne pense. Ne se soucie
des apparences. Qu'il fasse pâle figure
lorsque le temps est au beau fixe,
voilà qui lui importe peu.
Il sait que son pouvoir demeure.
Sa proie se fait des illusions
en estimant qu'il lâche prise.
Il la tient ferme. Il ne pourra
céder que si l'on arrache
son masque de fatalité,
ou bien si l'on vit un bonheur
illuminant, qui chasse les ombres

Détournés

Mais le temps s'immensise, haleur
des esquifs à la courte vie
qui portent les petits êtres,
dont l'existence est circonscrite
au canal où ils se déplacent.
Il veut les porter au-delà,
dans un espace auquel ils peuvent
croire, celui de l'illimité.
Mais ils n'entendent pas.
Ne voient rien. Se laissent
approcher par cette dimension
en n'y prêtant pas d'attention
particulière, la considérant
comme une simple ponctuation
de leur vécu, un courant d'air,
une vague pensée, insignifiante

Exhortation

Regards levés de pénétrance en ciel du soir
des petites mains faites d'électrum,
qui sont nées à l'époque ancienne
où vivait le culte solaire,
et survivraient en tant qu'empreintes.
Elles se manifestent, car elles veulent
détacher leur incarnation
de la terre, et l'élever jusqu'à vous,
ô dieux qui n'existez pas

N'être seul

Des princes de sang lointain au visage-pyramide,
des eaux sans origine qui font des ronds entre elles,
et dansent même quelquefois,
de la mousse rendue ocre par l'esprit du désert,
de l'abandon heureux malgré la plaie ouverte,
de la lumière usée n'en continuant pas moins
à suivre son image,
des tableaux incarnés, mais ceux-là seuls qui rêvent,
des oiseaux migrateurs au plumage d'arc-en-ciel,
il existe des îles, secrètes et décidées,
qui vivent en pleine justice quand l'aube est perdurée

Devant-écrit

Il apparut, lui bien distinctement dans la clairière originaire de son restant-à-vivre, mais son auréole hésitait, à demi voilée, comme si la chair en elle manifestait des réticences envers ce qui s'était promis, ce qui devait l'attendre.

« So long, Bobby »

Le train de meurtre et de mémoire
passe, dans la campagne
et près des villes, chargé
de la dépouille du sacrifié.
Temps du cœur lourd. Non loin
de la voie, des silhouettes font signe
de la main, ou lèvent des pancartes,
beaucoup sont en larmes. Elles parlent
à celui qui leur inspirait
la promesse d'une vie plus juste
et plus vraie, qui les guiderait
vers un monde nouveau. Elles lui disent
adieu. Lentement
avance le convoi. Du cercueil
monte un soleil pour se confondre
avec celui, haut dans le ciel,
qui brille sur le pays. Pour demeurer
présent, mais comme une ombre,
en bas, parmi tous ceux qui l'ont aimé

À l'inconnu d'humanité mortelle

Il a traversé les siècles avec un buste court, se terminant par un demi-cercle allant des épaules au sternum. Et c'est bien suffisant pour affirmer sa présence. Il possède les attributs de la royauté : la calotte des souverains, ornée de l'uræus, le cobra protecteur, et la barbe postiche. La majesté de ses traits ne laisse aucun doute, mais elle est loin de s'accompagner de l'expression de force, d'assurance tranquille, qui serait celle, traditionnelle, de sa fonction. Car il est poigné. La détresse dans ses yeux est manifeste. On pourrait penser, tout d'abord, qu'elle est due à une absence, qu'il devait ressentir amèrement : c'est un roi sans nom, qui ne peut même pas se dire situé dans une époque bien définie, puisque la dynastie à laquelle il aurait appartenu pourrait être aussi bien la XXIXème que la XXXème. De fait, aucune inscription ne figure sur ce buste. Un pharaon privé d'histoire, ne pouvant rien évoquer de l'existence qui fut la sienne. Et surtout, un pharaon dont le nom s'est perdu, ce qui représente l'abomination fondamentale pour tout décédé. Le *ka*, la force vitale, « l'âme », ne peut revenir à la vie que si les vivants appellent le disparu par son nom. Tout cela, déjà, serait largement suffisant pour légitimer le regard de cet homme. Mais il y a sans doute autre chose. Que ce buste ait été réalisé durant son existence ou après, ce ne peut être que suivant ses propres directives. Les pharaons, toujours, ont accordé une grande importance à leurs représentations, elles étaient essentielles pour affirmer leur primauté dans l'ordre à la fois civil et religieux. Or le plus significatif, et le plus étonnant, est cette volonté, ici, d'apparaître avec une inquiétude majeure. Et non, encore une fois, empreint de toute l'autorité, de toute la certitude, qu'autorisait la position de souverain du pays des Deux-Terres. Il se montre avec une faiblesse très humaine, il a souhaité qu'elle demeure.

Que regarde-t-il ? Que regarde-t-il de si important, par quoi est-il saisi au point d'oublier presque sa royauté ? Il ne peut s'agir que d'une présence qui suscite l'effroi, qui semble tétaniser. Et dans la mise en situation inspirée par ce pharaon, quelle est l'ultime présence qui pourrait se révéler à lui, sinon la plus déterminante, la plus implacable, celle de la mort. Seule l'imminence de la mort remplit d'angoisse absolue, car elle implique la perte de l'être mortel. Mais lui, il n'a pas hésité à se faire figurer ainsi. Chacun doit être nu devant la mort pour prétendre rejoindre les dieux, il faut que le sacrifice s'accomplisse, il faut mourir de sa vie d'homme. Et naturellement, c'est une souffrance majeure. Du moins s'y était-il un peu préparé, en anticipant la fin de son parcours, en projetant sa mort dans cette sculpture, avant de passer au-delà.

Bénis

Les héritiers des Trois-Venants
d'une dynastie ultramontaine
ont la partie belle.
Ils offrent un sourire convaincu
à la lumière qui brille pour eux.
Et qui provient de ce pays
où l'infime de la pesanteur
permet aux êtres d'exister
en légèreté

Au pressenti de mort confiante

Peut-être, à l'origine, avait-il les yeux ouverts. Peut-être étaient-ils fermés. Aucune incrustation de matière, aucune trace de peinture, n'apparaissent, afin de le déterminer. Mais l'arc bordant ses yeux reste bien tracé dans la pierre, et semble être celui de la paupière supérieure. Donc on peut penser qu'il se présente aujourd'hui le regard clos. Sur un haut siège, rudimentaire, un cube dépourvu du moindre ornement, il est assis. Main gauche posée à plat sur le genou correspondant, main droite un peu en retrait de l'autre genou, tenant un linge, un document, ou un objet, ne pouvant guère se définir. Il n'est vêtu que d'un pagne. Un homme dans la force de l'âge, robuste, bien découplé, et assuré dans son maintien. Il porte une ample perruque, dont les pans latéraux descendent sur les épaules.
Son nom est connu, Padiamenope, mais c'est la seule indication biographique le concernant.
Donc il est derrière son écran, en retrait du monde extérieur, comme absent et muet. Pourtant il s'exprime. Les yeux baissés concourent à renforcer la tranquillité, l'apaisement, qui sont manifestes dans le visage.
Il a choisi de se faire représenter ainsi. Et cette statue est probablement unique. N'appartenant pas, selon toute vraisemblance, à l'élite (pas d'instruments d'écriture, qui le désigneraient comme scribe, pas de bijoux, de parures, d'insignes, des titulaires du pouvoir civil ou religieux), il n'a pas pu commanditer, de son vivant, plusieurs statues de lui. Celle-ci devait donc traduire une expression qu'il estimait essentielle pour le définir, et pour être léguée à la postérité. On pourrait alors concevoir, tout d'abord, qu'il ait choisi un moment privilégié de son existence habituelle, celui d'un certain rite, qui le voyait se livrer au

recueillement, au lâcher-prise du cours des choses, à une trêve dans son devenir. Mais c'est une direction qui semble beaucoup moins justifiée qu'une autre, aux enjeux plus importants. Comme tous les anciens Egyptiens, la mort et la vie dans l'au-delà ne pouvaient qu'être pour lui des préoccupations fondamentales. Si cette statue devait lui survivre, quoi de plus pertinent, de plus significatif, que de montrer son attitude, à l'ultime phase projetée de son existence, envers la mort. Et quelle est cette attitude ? Sinon celle d'une équanimité, d'une paix, à bien des égards remarquables. On peut même estimer qu'il apparaît comme préparé à parcourir toutes les étapes, avec leur cortège d'épreuves, menant à la libération dans le monde supérieur. Sans crainte. Avec sa foi dans la vie juste pouvant lui être attribuée, qui lui donnerait, sinon l'assurance, du moins l'espoir, d'être sauvé.

L'héritage vit

Au point d'appel du souvenir
de ce qui, toujours, est caché,
mais ne peut pas être oublié,
et voudrait s'exprimer au jour,
comme organique, entre les pas
et le tapis de l'herbe-mousse
beige et craquant, souple, accueillant,
dans cet espace de jardin
que le soleil a dominé,
le rendant, de fait, *orienté*.
De lui cela monte. Rien de paraît.
Aucune importance. La douceur
permet seule de laisser sortir
ce qui doit être très sensible
et très discret, dans sa réserve.
Une exhalaison, un esprit,
porteurs de la nature fragile
d'un lien ancien avec la terre,
que l'on sait, et jusqu'aux entrailles,
parler en soi. Temps-parenthèse,
d'instants eux aussi impalpables,
pour accompagner cet étant
d'autrement, dans son advenir

Transfiguration

N'être qu'un chaume parmi les chaumes. Ne plus jamais se sentir affecté par les problèmes de l'être humain, notamment celui, récurrent, que présente la digestion, de soi et du monde. Bien sûr, devoir supporter toutes les variations du temps, et jusqu'à leurs extrêmes, du glacial au caniculaire, être exposé aux vents, aux pluies, sentir parfois la présence d'animaux parasites, sans ne rien connaître de l'espace vous entourant que des images et des effluves (sans parler de la frustration d'être à une distance d'horizon toujours la même, insensible à votre regard qui voudrait aller vers cette ligne), et puis enfin savoir d'instinct qu'un jour viendra, celui du grand retournement de terre, où l'on sera soulevé, broyé, réduit à des lambeaux informes, tout cela représente sans doute une existence point trop facile. Pourtant, demeurer dressé, continuer à être en lumière, le temps qui vous est imparti, avec une discrétion certaine, voilà une vraie liberté.

Grande Chérie

La terre du grand Bois-Joli
est réticente à se montrer
dans la campagne tétanisée
par la chaleur.
N'apparaissent que de vagues reflets
suspendus dans les frondaisons
brumeuses des arbres épuisés,
ou bien au milieu des sillons
raidis sous le feu du ciel.
Reflets de cet au-delà
de toute espérance, tout vouloir,
que l'on sait malgré tout s'ouvrir
à la fusion de la beauté
avec le regard du simple ;
qui ne se laisse pas entamer
par le banal ou le trivial.
Ô toi Joyeuse ! Terre de mon âme qui s'entoure
d'un cortège de bleuets d'amour,
et dont la seule et vraie lumière
est celle générée par un sens
de vérité. Tu as raison de conserver
ta nature profonde avec toi,
de ne rappeler ta présence
que par des éclats estompés.
Ne te risque pas dans le monde
soumis à la pesanteur,
reste au cœur de la différence

La vie belle !

Courir avec un soleil tendre
au-dessus des monts de la Lune
tout en étant bien éclairé
par une ancienne félicité ;
marcher, suivant l'âne des promesses,
au loin, vers la table d'offrandes
où sont posés des papillons
qui attendent, pour des discussions ;
se tenir près d'une source vive
et s'imprégner, dans ses eaux claires,
des reflets de pensées cosmiques
venues d'un temps épiphanique ;
et entrer dans la cathédrale
au toit de ciel, en plein nulle-part,
depuis très longtemps habitée
par une famille de scarabées

Vers les étoiles

Le temps, qui s'est arrêté
à l'intérieur du sarcophage,
dans la dernière salle, tout au fond
de l'hypogée, sur le pectoral
d'or, de turquoise,
de cornaline, d'amazonite,
et de lapis-lazuli,
où figurent les divinités
Isis et Nephtys, les mains
posées devant les ailes
d'un scarabée solaire, afin
de lui faciliter l'envol
vers l'immortalité, une parure
la plus belle de toutes,
ornant la dépouille
de la princesse, le temps assure
que l'une et l'autre peuvent connaître
l'éternité. Mais les seules vies qui prétendraient
survivre ici, à l'évidence,
sont celles des ombres et du silence.
Le pectoral, et la princesse,
ont eu besoin, pour s'affirmer
en vérité de leur nature,
tant qu'a duré leur devenir,
qu'on les porte dans la lumière,
et qu'ils illuminent les regards.
Désormais morts, leur destinée
est de rejoindre le pays-fond
d'inexistence. Peut-être. Pourtant
le temps, jamais, n'aurait l'idée
de s'exprimer à la légère. Il sait ce qu'il fait.
S'il estime que cette fille de roi,

et ce bijou, peuvent briller toujours,
dans l'outre-monde, comme références,
c'est qu'ils ont dû le mériter.
Il semble donc plus pertinent
de croire qu'ils vont se défaire
de leur enveloppe instituée,
et monter dans le ciel des fixes,
suivant l'exemple du scarabée

Le porte-image

En saison basse, quand le soleil est réticent,
quand l'ombre du ciel empêche
la chaleur d'imprégner la terre,
le masque en bois, ancien, d'un être
qui se refuse à disparaître dans les choses,
qui se refuse à demeurer une face
figée, frémit. Persistant à croire en sa vie.
Mais aucun cercle de lumière
sur les toits du près comme du loin,
que des chats viendraient signaler
comme donnant accès au passage
dans un espace-temps différent,
où la déraison merveilleuse
est la règle, aucun cercle pour lui
ne brille. Il lui reste alors
à parler aux fleurs, elles au moins
savent reconnaître sa destinée,
la soutenir, afin qu'il garde
sa faculté d'incarnation

Dis-paraître

Les galops enflent, ils se rapprochent,
et bientôt sont là. D'horribles femmes,
bien comparables à des sorcières,
montées sur des chevaux noirs,
et brandissant des piques au bout desquelles
sont accrochés des sacs qui laissent sortir
d'épaisses vapeurs pestilentielles,
t'ont vu. Et depuis longtemps.
La plaine est rase. Aucun fortin à espérer.
Tu t'es fourré dans une histoire invraisemblable,
dont tu n'as plus aucun souvenir,
mais qui se traduit maintenant
par un danger réel. Tu es ici,
en plein nulle-part, et ce n'est pas
le monde du rêve. Il va te falloir du courage,
car tu dois affronter ces monstres,
qui veulent déverser sur toi
leur charge de cruauté,
de corruption et de malheur, afin de réduire ton être
à un pantin décervelé,
qu'ils auraient fort probablement
l'intention, ensuite, d'harponner
pour le clouer au sol comme trophée

Comme appui

L'archange du silence
n'a jamais froid
dans la vallée des presque-larmes
qui sont portées par les oublis
des êtres suivant leur rêve
d'absolution

Les grands porteurs

Sans doute, la danse des élans
sur le sol gelé silencieux
de la toundra
les entraîne-t-elle dans un délire
qui peut les régénérer.
(Pâle soleil d'hiver,
la mousse, le lichen, n'apparaissent qu'en taches).
Ils deviennent des êtres aériens,
leur ramure immense projetée
au ciel, leurs pâturons claquent,
s'enroule, se déroule,
leur corps haut perché
en félicité.
Ils ne redoutent que la présence
de leur ombre, pouvant occulter
leurs enchaînements.
Ce sont des créatures d'air vif,
sans dieu ni maître,
qui savent créer des occasions
pour soulever leurs horizons

Lui aussi lutte

S'il y a du rose dans la nature,
ce ne peut être qu'un rose dur.
Il doit oublier la tendresse,
et bien davantage la faiblesse,
même s'il demeure toujours porteur
des attributs de la beauté,
ceux-là qui sont partagés
par le rose vivant chez l'humain,
mais qui est surtout le symbole
de la douceur, de la candeur.
Ce rose dans son état sauvage,
quant à lui, est toujours astreint
à se défendre des menaces
posées par les prédateurs,
qui sont les autres couleurs
à caractère hégémonique.
Et dont les pires, à l'évidence,
ont les traits du rouge et du noir.
Il n'est pas dupe, lorsqu'ils prétendent
se dire seulement expressions
chromatiques des pulsions du monde,
qui seraient dans l'ordre des choses.
Le feu et la nuit représentent
leurs images privilégiées, auxquelles
il n'est pas facile d'échapper.
Le rose dur survit en s'armant
d'une patience presque infinie.
Il plie, parfois, ne rompt jamais.
Comme le montre le comportement
des créatures qui l'incarnent,
notamment des fleurs et des pierres ;
lesquelles savent attendre leur heure,

et n'apparaître dans tout l'éclat
de leur couleur légitimée
que sous l'onction de la lumière.
Le rose dur manifeste ainsi
une réelle supériorité
par rapport au rouge et au noir,
engoncés dans leur suffisance,
et crispés, car sans éclairage

Evidemment orphelin

Être-soleil. Lui aura manqué, dans cette vie,
le pays-loin, où la clairance des nœuds premiers
peut se produire. Où les poids ne sont plus pesants,
mais traduisent les états de l'air. Où les seules ténèbres
qui persistent se réduisent à des fonds d'images
incapables de s'incarner. Où les fuseaux de la lumière
recueillent des humeurs odorantes
en s'agenouillant sur la terre. Où le futur et le passé
se conjuguent toujours au présent.
Où l'on rencontre des créatures
non liées à la pesanteur,
qui se laissent communément
approcher, et même reconnaître,
dans leur transparence naturelle,
assez peu soucieuses, et plutôt
volontairement ignorantes,
de leur empreinte. Et qui montrent, avec assurance,
l'exemple de pures existences
que porte la liberté
d'une gratuité permanente
dans leurs échanges avec le monde, qui les aime bien,
pour cette raison

Détour

Cette maison ne m'intéresse pas. Elle est faite de briques posées à rebrousse-fortune des interrogeants du silence. Pourquoi voudriez-vous que j'habite une telle enveloppe non sacrale ?

Gisant de vie continuée

Par quelle fortune s'est-il retrouvé là, il est sans doute le seul à le savoir. Couché, oui, il l'était toujours, depuis le XIIIe siècle, c'était la position qu'on lui avait donné pour sa vie d'outre-tombe. Mais couché en plein air dorénavant, sur l'herbe du jardin de l'abbaye, et non plus sur les dalles de l'église.
Son corps de pierre est peut-être un peu effrité, un peu terni, quelques taches de mousse apparaissent par endroits, mais il porte beau, toujours, comme un homme dans son armure, une grande épée, qu'il serre entre ses mains, posée sur lui.
Donc il a dû connaître les événements ayant été la cause de son transfert à l'extérieur. Ce qui est maintenant l'extérieur, puisque le jardin ne pouvait qu'être inclus, à l'origine, dans l'abbaye, délimité par des murs, ou des colonnes, dont il ne reste que des blocs épars. Quels événements ? La croisade contre les Cathares, qu'il a vécue, fut marquée par une grande violence, et la volonté finale des vainqueurs de faire disparaître les empreintes des vaincus, qu'elles soient dans les esprits ou dans les pierres taillées. La Révolution française s'est elle aussi distinguée dans cette *Damnatio memoriae*, en accordant notamment toute licence pour mettre à bas les édifices religieux. De nombreuses autres périodes d'exactions, liées ou non à des guerres, se sont succédé jusqu'à l'époque contemporaine. Mais il importe moins de connaître celle ayant spécifiquement affecté l'abbaye que d'en souligner les conséquences. Le cadre protecteur de la maison de Dieu avait disparu, et avec lui, la compagnie des autres membres de la même famille, enterrés comme cet homme dans l'église. Et cela dut être douloureux pour une telle figure, de haut lignage, le comte de Comminges

Bernard IV, titulaire de la seigneurie du même nom, dont il avait réussi à maintenir l'indépendance avant que les Français ne fassent main basse sur elle.

Il est seul. Et sur la terre. Et sous le ciel. Pour assumer une existence en apparence aléatoire. Qu'y a-t-il de moins structuré qu'un coin de verdure comme domaine. Mais dans l'ouvert entier du monde, l'exposition aux éléments, la pluie, le vent, le gel et la canicule, en lien direct avec la Lune et le Soleil, le ressenti sans fin de l'ombre, de la lumière, tout ce qu'il avait pu connaître, en tant que mortel, mais limité à des stations, des déplacements, dans la nature, et constituant maintenant les références de son vécu, toujours porté, légitimé, par son image, inséparable de son histoire. Voilà qui donne à celui-là ayant traversé les siècles une dimension qu'il n'avait pas imaginé de son vivant, au moment de la dé-cession de sa nature corporelle – et qui évoque assurément une sorte de transfiguration.

Ombre sur terre

Le malheur suit le triste étang
des larmes sèches
pour exacerber sa douleur,
ne lui accorde aucun répit.
Peuvent bien passer des gentilshommes,
les signes d'une volonté
de l'esprit, qui lui demande
un peu de commisération,
il refuse d'entendre,
il estime qu'il se renierait.
Tant que l'oiseau du clair de lune,
le justicier du contre-sort,
n'aura pas déchiré du bec
la peau couverte de pustules
et de sang mort, ne lui aura crevé les yeux,
et répandu sa cervelle noire
sur la terre, il ne pourra pas
disparaître, et laisser l'étang
à son destin, à son tragique.
Les larmes sèches portent en elles
le poids de l'insensé du monde
ne pouvant jamais s'exprimer
qu'en leur présence. Un jour viendra,
peut-être, pour les faire couler.
Elles seront alors libérées
et cesseront leur existence

Les Très-précieux

Les cerfs en nature d'orichalque
n'ont rien à craindre d'un destin,
de ce qui pourrait en tout cas
se prétendre tel, sans scrupules,
sortant du canon d'un fusil.
Ils sont protégés par leur terre,
à l'écart de toute mise en règle,
et dans laquelle ils peuvent trouver
les qualités du fabuleux
comme du précieux, qui sont aussi
celle du métal les constituant.
Ils se déplacent dans les ramures
des arbres en lévitation,
dans le lit des ruisseaux chtoniens,
sur les fils de rosée pérenne,
sur les ombres du double soleil.
Et ne laissent jamais des empreintes,
tant leurs parcours sont-ils guidés
par une harmonie qui leur donne
une transparence de la présence

Outrance, coupable

Et ils fouettèrent la mer jusqu'au sang, du moins c'est ce qu'ils prétendirent faire, comme cet imbécile de Xerxès. Et le sang qui vint à sortir, après avoir obstinément battu les flots, ce fut une écume blanchâtre, d'aspect granuleux, terriblement nauséabonde. Elle exprimait tout le mépris que la mer leur manifestait. Ils étaient frustrés et furieux de n'avoir pu obtenir d'elle qu'un silence, en réponse à leur exigence de voir leur mer intérieure, une projection de sa nature à elle, transformée en image statique, n'ayant plus aucune influence, ne jouant désormais aucun rôle dans leur vécu, leur devenir. Naturellement, ils s'étaient montrés insensés, autant que le roi des rois, en mettant leur violence à l'œuvre. La mer ne se laisse pas dompter. Quant à la mer intérieure, c'est à chacun de reconnaître qu'elle ne peut pas être inhibée, *a fortiori* être ignorée, quelles que soient les dénégations, les craintes ou les répulsions ; elle appartient à l'existence, elle a toujours son mot à dire.

En rapport

Soleil blanc de brume, manquant
d'une élémentaire conviction,
qui étend son voile non prégnant
sur les volumes et sur les choses,
et enveloppe tout le village
dans une densité suspendue.
Des pièces de cuirasse fort belles,
damasquinées, avec des fils
d'or et d'argent, sont répandues
au gré des rues, et sur les toits.
Et bien qu'elles ne renvoient pas
le moindre reflet lumineux,
elles brillent de leur histoire ancienne.
Quelques parcours de personnages
restés vivants par leur mémoire
se joignent à la respiration
des visiteurs venus d'en haut,
du pays froid, le boréal,
où les mains s'aiguisent de confiance
en ouvrant l'esprit de la neige.
Les chiens du village savent très bien
qu'il leur faut jouer un double jeu,
se montrer confiants et soumis,
pour être libres, par-devers eux,
de connaître leur dimension
portée dans l'ouvert du monde.
Se moque le temps, probablement,
de la faiblesse de ces présences,
qui sont mortelles. Mais elles démontrent
une volonté de témoigner

Du ciel une aide

Deux grands bras cassés (et manquent plusieurs parties), mais dressés, légèrement vers l'ouest. Toute proche d'eux, seule de sa famille dans le ciel d'éveil, une étoile.
L'espace est d'un bleu-gris assourdi. Les bras, d'une blancheur timide. Quant à l'étoile, elle brille de son mot à dire : ne cesse de frémir, et même de se déplacer. Peut-être cette étoile est-elle là pour donner aux bras un peu de sa générosité. Viennent-ils de la nuit ou du jour, peu importe. Dans leur état, ils ont certainement besoin de confiance.

Le sentir-vrai

Petit chien pomme d'amour, qu'est-ce que tu as ?
Pourquoi t'agites-tu ainsi ?
Mais regarde-les. Ils n'ont aucune intention de changer. Ils n'ont
AUCUNE VOLONTÉ DE RÉDEMPTION

Dans leur signe

Car seuls les enfants nés sous une pluie acide pourront être appelés des élus. Car ils rechercheront toute leur vie, ce qui veut dire qu'ils partageront leur existence avec eux, la terre qui tremble, mais nourrit son fond de chaleur, les collines au poitrail de bronze tournées vers leur image épique, les poulains glissant, opiniâtres, entre les feuilles de l'inconstance. Et tant d'autres présences lumineuses riches d'intranquillité.

L'annonce

La barque blanche et noire
est pleine à ras bord
d'âmes convoquées
pour le voyage.
Tu voudrais y monter,
mais il n'y a plus aucune place.
Il est sans doute bien trop tard.
Tu n'as pas pris à sa mesure
le courant d'air chargé d'appel
de l'au-delà, passant près de toi ;
ou alors il n'est que trop tôt
pour couper avec ton terrestre,
mais tu refuses de l'admettre

D'orientant

Que viennent les rayons porteurs de boue verte
et noire, du limon !
La fleur de la non-entropie
descend du pays-charnière
déployé entre les nuages
et les mirages. Il irradie quand il déborde,
sort de lui-même, se dit plénitude,
et il diffuse sa nourriture en flux constants,
ceux d'une matière bien sûr faite d'ondes.
Et il suffit de se trouver
dans son cours, et la respirer,
au moins un peu ; sachant qu'il faut faire passer,
au préalable, à travers soi,
un esprit de bon état d'âme
qui se détache de la terre

Pas de reprise

Le palais des arbres secs luit au clair de lune. Y passent les ombres des furent-presque-assez, qui sont à la recherche de… ? Peut-être de l'image d'eux-mêmes en plénitude. Or ce lieu ne peut pas répondre. Il est déjà de l'autre côté. Et les présences ligneuses qui le peuplent sont des cadavres. Les ombres voudraient bien, avant de basculer pour les rejoindre, revenir sur leur existence, afin de la compléter. Mais il est trop tard.

Imaginale

Et brille l'étole de vison,
sur ses fines épaules.
C'est une femme qui sait accueillir
en elle tout l'éclat des lumières
du monde-loin ; et qui le mérite.
D'autres témoignants, plus anciens,
tiennent sur leur tête, et débordant
à l'avant du front, un cobra.
Mais ils expriment un sentiment
de défense, et de dissuasion. Elle, son étant
n'offre aucune prise aux relations
habituelles d'une communauté.
Il est libre de la pesanteur
d'une dépendance. Son âme légère
la rend capable
d'exister dans un espace-temps
qui n'exige pas la moindre empreinte

Autre *part*

Il y a toujours cette frontière,
cloison de verre opacifié, voile très fin
ou brume diaphane, de toutes ses façons
invisible, qui apparaît au cœur-devant
par le senti. Elle est intouchable,
inemprégnable, évidemment incorruptible.
S'il est possible de l'approcher,
il ne faut pas la violenter
par un esprit de vouloir-force
prétendant ouvrir un passage.
Mais attendre, et presque humblement.
Et parfois elle se laisse convaincre
pour laisser voir ce qui existe
derrière. Des silhouettes d'images.
Les habitantes de l'outre-monde.
Elle a la générosité
d'accorder une clairvoyance
aux espérants de son pays

Parenthèse

Octante pensées de vide-apaise
qui viennent, à la fin des temps,
soulager la tension projetée.
Est-il trop tard ou trop tôt.
Mais seul en décide l'ange gardien,
l'habitant du profond des reins.
Il protège, inspire, la démarche,
laquelle se remplit de lueurs
pour tracer une ligne, quelque part,
et a besoin de se poser,
parfois, dans le néant de son image

Ils se justifient

C'étaient des chacals d'Armorique.
Le temps roulait des airs à peine
tranquilles. Dans l'écuelle de leur sentiment,
aucun reproche, aucun partage,
mais un demi-sourire crispé.
Ils s'étaient mis en route quand la pleine lune
taquinait Orion. Le moment propice
pour que leurs ombres sur la terre
puissent apparaître comme géantes.
Le destin leur devait bien ça,
qui les avait fait misérables
et de mauvaise réputation ;
il ne leur restait que le croire
à l'appel des lumières d'en haut.
Tout cri de gorge en commentaire
de l'inconnu qu'ils découvraient
était exclu. Quelques belles paillettes mordorées,
dans leur nuit, nourrissait le jeu
du respir. Chacun d'entre eux, déjà, sentait
l'allègement de la pesanteur

Lui sauve

Le petit escabeau de printemps
n'en finit pas de monter les marches,
il espère que ce sont les bonnes, celles qui mènent
à son horizon perdurant.
La chèvre bêle, toujours captive
de son piquet. Les feuilles sont peut-être rousses
et magnifiques, elles connaîtront
leur fin sans pouvoir protester.
Des cœurs en morceaux gisent par terre,
leur nom devenu illisible.
Mais un carillon inspiré, sur l'écume
du noir pris en blanc,
déchire les brumes et même les glaces
régnant sur le pays crispé

Pour survivre

Dans le tunnel des grands miroirs
par lequel viennent, depuis leur fond,
les vies d'autrement, passent quelquefois,
mais plutôt rares, assez fragiles,
des silhouettes minces, dont les consciences
recherchent une métamorphose.
Elles se tiennent devant les figures,
qui leur offre la vraisemblance
de connaître une sûre existence.
Étant libres, manifestement,
de la corruption d'un destin
ne pouvant s'extraire de la mort.
C'est bien un rêve de ces consciences
qu'elles ont toutes raisons de poursuivre.
Mais la balance de la justice
doit d'abord évaluer leur cœur
avant qu'elles ne puissent prétendre
vivre, évoluer, en tant qu'esprits

Cosmogonie

Sur la colline blanche du soleil,
les quatre dieux de la lune
se sont posés. Chargés
du printemps pérenne, qu'ils doivent offrir
à l'éternité cyclique,
celle de la création du monde
et des êtres. Après un très long parcours
qui les a vus sortir du ciel
inférieur, leur demeure usuelle,
pour suivre le ciel supérieur,
ils pourront donner leur présent
au temps de millions d'années.
Leur halte, même quelques instants,
leur permet de réaliser
que cette colline est l'autre image
du grand flot, la grande vache céleste,
qui porte, tenu entre ses cornes,
l'astre-foyer, en l'élevant, radieux,
jusqu'au cœur même du firmament

Droit devant

… là où aucun corps astral n'aurait osé s'aventurer

Probablement affecté toute sa vie à la survie de sa haute mer.

J'entends briller les chaudrons verts, qui contiennent
l'éclat du soupir (la belle enfance, qui ne fut pas).

Cœur vaillant,
écharpe d'azur,
l'infini est sapience,
il se boit pur

Cofinia,
Cofinia,
à quelques encablures il y avait
cette île de rêve sur pilotis.
Et qu'elle s'arrache, ma main,
si je ne dis la vérité

L'artisan d'un lien

Il réalisait des nuages de toutes tailles (ou presque, pouvant tenir dans son atelier), et de toutes couleurs (donc bien plus variés que ceux de nature). Il n'avait pas besoin de modèles. Chaque création était unique, car inspirée par son désir de fournir au ciel des figures de reconnaissance. Car naturellement, achevés, ils étaient libérés dans l'air.

La vie bonne

La scala dévoile sa gorge profonde,
dans les buissons de tamaris. Le capitaine
du pétrolier espagnol en presque-abandon,
le long d'un quai, très incliné sur le flanc,
saisit la proue de son navire
à pleines mains, et l'attire à lui
pour dire quelques mots de soutien.
Il y a des compétitions de danse
entre les petits personnages des rêves
du fleuve et des lisières de la forêt.
L'on entend des voix de belles couleurs,
beige clair et rose, qui traversent le quotidien,
mais aussi la paix des tranquilles
n'affrontant plus leur propre image.
La température permanente, pour les êtres
et pour les choses, est celle d'un vrai sûr-à-vivre.
Personne n'ignore longtemps les arbres à sel,
qui poussent en Judée-près-le-cœur,
et dont les fruits sont tellement bons pour les entrailles.
Se manifestent aussi les froissements de papier
de soie dans l'air, ils rappellent
la perduraison d'écritures tirées des sables,
ayant reçu l'onction solaire, prophétisantes
mais sans trop l'être, qui savent rester à leur place.
L'arc-en-ciel du printemps épouse toutes les positions
qu'il désire quand il rencontre la terre,
laquelle est mise en confiance.
Ce monde est agrémenté d'un signe
d'élévation, un accent circonflexe, il ignore
les mots comme les choses
tombées dans l'épouvante d'eux-mêmes.
La femelle cocker noir et blanc ne cesse pas

d'occuper l'image d'une présence, et celui-là
est sûr de la faire exister,
un jour, parce qu'il l'aura sentie dans son amour

Étoilé ?

Le taureau égorgé, peut-être
avant son dernier soupir,
réalise que sa mort arrive,
comme il a pu l'imaginer
durant sa vie. Et c'est bien là
un constat qui n'est pas banal.
Un animal vit en instants
sans rien concevoir du temps.
Et lui, de plus, était sacré,
il était affecté d'un culte.
Or les dieux se disent immortels
et ne peuvent jamais décéder.
Mais ce taureau sortait des normes.
Il s'apparentait aux humains
en ayant conscience que sa fin
devait un jour intervenir.
Et l'image d'un au-delà
dans lequel il serait admis
lui donnait des raisons de croire
au possible d'une survie.
Le corps s'est vidé du sang,
mettant un terme à l'existence.
Et hormis lui, nul ne peut dire
si une lumière est descendue
pour le saisir et l'emporter
dans l'espace, et l'éternité

Pour toi aussi

Quelques petits fragments de ce qui semble
tiré d'une presque-éternité,
qui tombent sur vous, en pénétrance,
mais très légers, doux, et même bons,
reconnus par leur densité
n'ayant pas le moindre rapport
avec celle des durées sur terre
que l'on éprouve d'habitude.
Et l'on s'arrête, on quitte l'image
de soi toujours mise en avant,
qui se justifie en arguant
de son besoin de projection.
Petits fragments évanescents.
Ils ne restent en vie qu'un instant.
Mais vous placent au milieu du monde,
immobile, et sans rien attendre

Cœur à prendre

Il y a un temps de vivre en attente.
Il s'appuie sur sa canne dorée.
Regarde au loin, un peu
inquiet, ne sachant pas
si des êtres peuvent exister
ayant besoin de sa présence. Il est ancien.
Dans la grande plaine coupée de haies
où viennent se poser des phénix
originaires de l'Orient pur,
il ne change, depuis sa naissance.
Garde sa figure missionnée,
jamais désillusionnée.
Les oiseaux mythiques lui donnent bien
le sentiment de n'être seul. Mais il demeure
avec l'espoir que des esprits se montreront
pour occuper son devenir

L'envoyé

Le grand chien dont le pelage noir
est ponctué par des taches-espaces
du jour mûri en bleu céleste,
du levant comme du couchant,
roses, orangées et mordorées,
habite dans la nécropole
de l'île des Flammes. Il porte sur lui,
comme expressions de sa nature,
autant l'impression de la mort
que celle de la vie. Rappelle
aux défunts et aux existants
qu'ils ont un destin de dialogue
entre eux, car ils sont imprégnés
les uns des autres en permanence

Au-delà de voix

Les roulements de tonnerre du sens
vont se perdre dans la nuit des temps.
Le dieu qui régénère, le sous-terre,
est le grand maître du silence,
et il exige le secret.
Les œufs marchent sur la tranche,
parce que dans ce pays-là, civique,
il n'y a jamais d'aubes glacées, la terre
demeure toujours chaude.
Les petites pointures, les discrètes (et peut-être même
les gracieuses) peuvent franchir les dix-sept portes
menant à leur soleil de nuit,
pour trouver des vivres éternels.
Les carillons de la beauté n'ayant pas le moindre
reflet, concentrant son pur état d'âme,
s'entendent au loin des champs qui glissent,
et glissent, vers leur image de floraison

Elle s'advient

Les naseaux fument dans l'air transi.
Mais la cavale n'a aucun mal
à progresser sur les eaux libres
de glace. Le temps
est métamorphose. Des arcs-en-ciel,
à intervalles, sortent du lac,
saluent celle qui passe,
légère, des coussins de roses aux sabots.
Et dont le regard s'imprègne
d'un horizon de cathédrales
formant un cercle, lequel contient
une litière pure, et transparente. Les rares
fleurs d'hiver, sur les berges,
s'étonnent de l'apparition
de cet animal, qu'illuminent
sa robe de feu, son chanfrein d'or.
Et voudraient savoir d'où il vient.
C'est peine perdue. Car les natures
qui incarnent des esprits anciens
voulant revenir dans le monde
se réclament toujours d'un ailleurs.
Joue la lumière pour cet espace,
elle prend une vigueur singulière
sur les sommets des hautes montagnes
qui descendent presque jusqu'au lac,
comme des gardes-au-cœur de tendresse,
en protégeant cette inspirée, en l'assurant de sa vision

Le réparateur

Il pourrait s'agir d'invoquer
un feu qui soit bleu. Non réduit,
pour cette couleur, aux seules flammes
de départ des autres feux.
Mais brûlant ainsi
tout son temps de vie.
Il pourrait s'agir d'accueillir
celui qui vient des marches
lointaines, du pays dont les arbres donnent
des fruits d'argent, que portent
des rameaux d'or, où la concorde
et la vertu nourrissent les vivants
et les choses, où le temps s'arrête de compter
les pas qu'il fait en succession,
pour goûter le monde qui l'entoure.
Oui, ce feu-là pourrait venir
soulager tous ceux qui demeurent
fixés sur la perte immense
du sens les ayant guidés.
Tant ils se trouvent comme englués
dans un cadre dicté par le gris,
ou plutôt rapproché du noir,
tant ils respirent le désespoir,
et vivent la face contre terre.
Pour eux, ce foyer de bleu
serait un don miraculeux,
afin de les réconcilier
avec une sorte de destinée

Moira

La fille du dragon des vents, dans la gueule de l'éternel retour, peut bien s'agiter, elle n'a aucune chance de sortir. Elle est trop tendre, ou trop naïve, pour avoir cru qu'avec lui, en lui, elle rebondirait d'ère en ère. Bien au contraire, elle est condamnée à vivre un présent qui s'enfuit.

Reprise

Les petits cailloux d'or blanchi
sous le harnais des conventions
voguèrent, longtemps, dans les ténèbres.
Ils avaient le souffle un peu court,
émus par la grande traversée
de leur image, abandonnée
par un destin qu'ils avaient su
devoir arriver un jour,
la fin de leur incarnation.
Ils étaient devenus légers,
des ombres vivant de lumière,
pouvaient visiter leur passé,
sans avoir le moindre désir
de le faire revenir en eux

Et le vivre

L'avenue de nos désillusions
s'ouvre sur un périmètre
haché par le soleil bleu.
Les arbres-liège
ne protègent rien ni personne,
leur voix se dit non générante.
Les morts ont-ils vraiment besoin
du *De profundis* pour passer,
confiants, de l'autre côté.
Le temps ne se débloque jamais.
Il reste figé sur les ombres
à l'aplomb du soleil-midi

En réunion

Le roi eut à choisir entre deux ombres
de chevaliers en armure,
inséparables l'une de l'autre,
comme un corps gémellisé,
unies par le flanc, ayant
une même destinée corporelle,
avec toutefois le sentiment
d'une conscience individuelle
pour chacune d'entre elles.
Le roi devait choisir une vie
pour la donner à sa seule fille.
Mais il lui était difficile,
assurément, de retenir
une ombre aux dépens de l'autre.
Il résolut donc de porter
un impressionnant coup d'épée
pour se sortir de ce dilemme,
à la jointure de ces deux formes.
Alors, ô miracle, aussitôt,
elles se fondirent l'une dans l'autre,
et devinrent un seul et même être.
Lequel, comme tous ses semblables,
était double, avec une nature,
et une image, qui ne peuvent jamais se confondre

L'échange

La lune, qui attire en elle,
des humains, le cœur et le sang,
possède, dans le firmament,
une mauvaise réputation.
Elle est vue comme un prédateur
insatiable. Elle n'a pourtant pas
d'intentions nuisibles, avance
que les êtres la considèrent
pouvoir répondre à leur appel,
car s'ils s'élèvent assurément
pour la rejoindre et s'imprégner
de sa lumière, c'est que la nuit,
pour eux, est porteuse d'angoisse.
Naturellement, une fois en haut,
ils sont devenus des esprits,
leur sang et leur cœur sont donnés
à la lune, en tant que symboles
du lien existant avec elle.
C'est un astre qui peut ressentir
en lui des présences et qui doit
ainsi s'en alimenter

Le dieu grand

La maison du soleil couchant
étend ses murs d'orange et d'or
sur la terre ; elle a fini par écarter
le fond de l'horizon, marqué
par les pluies presque tout le jour.
Mais sait-elle véritablement
que les plages d'Occident prévues
pour l'accueillir n'ont certes pas
la douceur de celles de l'Orient,
quand elle commençait à sortir,
pour se construire assurément,
de son fond d'oubli habituel.
Qu'elle n'en ait pas vraiment conscience,
pourtant, est de peu d'importance.
Elle est guidée par son instinct,
qui lui demande, durant la nuit,
de pouvoir se régénérer,
en vivant une métamorphose

Profils d'écart

Le parfait qui peut se tenir, dans les eaux de la vérité trouble (pleine lune humide, lumière non franche).

Les pointes coupantes du non-souvenir se montrent devant, avec leur fonction habituelle de meurtrir les pas, les rendre incapables de produire leur image.

Réponse amère, mais réponse liée, sur la colline des fumées blanches : il ne sert à rien d'espérer, aucun cap n'apparaît devant, seule une empreinte peut naître, derrière

Il était parti à l'aube de son désir, quand rien sur terre ni quelque-part en outre-monde n'aurait jamais pu l'imprégner, venu du tangible.

Tout est sans cache

Les paniers d'expulsion dorée de soi-même volent, à travers le champ d'une vie autre. Il est cinq heures de ton destin. Le jour se lève. Tu veux le fuir ? Garde seulement le souvenir d'un temps qui ne fut jamais.

Terres d'émotion-évaluation, entre l'abandon, tout devant, et le futur antérieur.

Les églantiers dansent toujours par trois. Il y a un membre du groupe face au soleil, et un autre face à la lune. Quant au troisième, il est face à lui-même.

Ceux-là, modèles

Ils sont nés bien avant les âmes
errantes, qui ne peuvent jamais se fixer,
entre ici-bas et au-delà,
avant les décédés présents
à la porte du tribunal
dans l'attente de leur jugement,
mais sachant déjà que leur cœur
pèserait plus lourd que la plume,
avant, aussi, tous les vrais morts,
qui sont ceux de la seconde mort.
On ne sait pas si leur demeure
est la grande montagne de l'Orient
ou bien celle de l'Occident,
peut-être réunit-elle les deux
sommets du monde, les éminences
du temps cyclique faisant l'Histoire
et de celui de l'infini.
Ils ne peuvent être qu'inatteignables,
inconnaissables, dans leur nature
brillant d'une forte lumière
surnaturelle, évidemment. Il est seulement
possible de leur donner une toute petite
incarnation, à travers leur évocation

Figure crue
(*à Carlo Michelstaedter*)

Le poids de soi, qui pend.
Depuis l'accroche du vouloir-vivre.
Poussé par la gravité
de la figure prise par l'étant
dans la tension de l'existence.
Et il s'agit d'une pesanteur
très lourde, qu'il faut supporter.
Lui voudrait bien se faire léger,
pour s'épanouir comme organique
sinon aérien, en tout cas
imprégné d'un pur presque-rien,
l'oubli, pour un temps, du tragique
omnipotent et tyrannique
dans le vécu du fil des jours

Notre croisé

Le lion d'argent retourne à la bouée rouge. Il lui faudrait, sans doute, un peu plus de sa lumière catalane d'origine (celle du plateau-soleil) pour être indépendant des signes du paysage, en mer. Mais sur terre, il a une tâche importante à remplir. Celle d'étaler, au sol des prairies de la dormition, de grandes toiles vierges, afin de recueillir les éventuelles paroles d'éveil de cœur célestes qui pourraient se manifester.

Mort, quelle victoire

Le crâne se détache du squelette
d'une âme dans la déréliction,
quitte le cimetière des relégués
dans la fosse commune de l'oubli,
pour aller arpenter la plaine
qui fut un grand champ de bataille.
Des esprits portés par leurs vents
conservent la parole du site
en imprégnant les visiteurs
d'un fort sentiment du tragique.
Donc celui qui parcourt, maintenant,
ces espaces de désolation,
ne peut espérer y trouver
qu'un autre poids de solitude
et d'abandon, bien comparables
à celui qu'il a cru laisser.
Il doit retourner dans son cadre
et continuer à supporter
le destin de la délaissée.
Car les âmes ayant clos leur cycle
existentiel, en estimant
qu'elles n'ont jamais pu recevoir
du monde une juste reconnaissance,
doivent hélas rester condamnées
à vivre une passion douloureuse,
tant que d'autres, se penchant sur elles,
dans une perspective de partage,
ne viendront pas leur accorder
un vrai regard, pour les sauver

Seul aide le double

Les quatre briques de fondation
furent déposées aux quatre angles, à faible
profondeur, dans les soubassements du temple
devant être édifié, au fur
et à mesure qu'avancerait
la vie humaine le traduisant.
Nul n'a jamais pu les revoir,
évidemment. Elles sont restées dans le silence
et l'empreinte qui leur fut donnée.
Nul ne sait donc lesquels des dieux
ont pu se manifester
à l'occasion de cette naissance.
S'agissait-il de ceux qui viennent
étendre des ailes protectrices
sur un devenir d'existence,
comme anges gardiens, refuges, recours,
dans la traversée du temps-monde
avec ses épreuves et ses risques ; ou bien alors
ceux qui se tiennent dans leur distance
et ne s'engagent d'aucune manière,
en attendant l'heure dernière
pour tirer le sens d'une histoire.
De toute façon les dieux se taisent,
communément. Et de surcroît,
quand ils ont imprégné la pierre
ou bien l'argile mise en forme,
ils ne peuvent être qu'impénétrables.
Alors si jour après jour,
tant que subsiste la conscience,
on doit construire son édifice,
le corps d'image qui est projeté,

il ne faut attendre d'appui
que du souffle engendré de soi

A bras-le-cœur

La fragile porte du souvenir.
Elle a beau prétendre s'ouvrir
sur un désert de collines blanches,
baigné par des rayons de lune
équanimes et consolateurs,
habitué aux dialogues tranquilles
avec des vents qui trouvent en lui
l'espace de leur vraie patrie,
n'avançant jamais qu'en lui-même
et sans espérer de cours d'eau
(qui rejoint une mer d'oubli),
égal et pur en face du ciel,
non en dessous – pour croire en elle,
il faut jeter les mains de soi
dans la distance qui apparaît
entre les pas faits et l'ailleurs

Celui en rêve

Écarteur de courants, bel-aimé des étoiles
qui ne se couchent jamais,
magnifié par une auréole
restant à tout autre invisible,
et la nuque acceptant les rayons du soleil,
tout autant qu'ils pouvaient se lire dans sa figure,
il gravissait l'échelle et puis la descendait,
en reliant les deux mondes où il avait sa place,
bien au-delà du temps,
détaché pour toujours du drame du périssable,
il avait la présence d'un être sublimé

Le presque-heureux

Le cœur-du-pré, qui s'expatrie
dans le corps de vermeil léger
de la saulaie, comme une clairière,
n'a pas grand-chose à prouver,
apparemment. Il est bien vu de tous ses pairs,
la source en périphérie, les nuages
donnant, quand vient le temps
de canicule, quelque fraîcheur,
et la lune, le plus sûr garant
d'une lumière douce, dans le monde noir
d'occultation – Ce petit organe
de la pâture vit un devenir sans souci.
Pourtant… Il a tout de même besoin
d'un support. Voudrait être reconnu
dans sa nature peu banale
par les créatures verticales
qui le fréquentent incidemment

La parole se donne

Si les choses, comme les animaux,
les végétaux, les phénomènes, les situations,
sont toujours dépendantes des mots
pour s'exprimer, alors il semble
que leur parler, comme leur discours,
ne peuvent se dire qu'humanisés
sous ce rapport, en empruntant
à la fois le langage des êtres
et leurs traductions du vécu
par la parole. Il n'y a rien donc d'anormal
dans une muraille triste, car pesante,
qui se plaint de sa destinée ;
dans la cigale saluant le jour
d'une formule aimante, inspirée ;
dans un ciel muet en projection
vers un horizon murmurant ;
ou dans le passage d'instants creux
qui déclarent vouloir se remplir,
pour se joindre aux harangues du temps

(En rencontre)

Le grand portail des océans
s'entrouvre pour laisser passer
les mains blanches de la destinée
d'un cœur épris sans le savoir.
La rose de quelqu'un, elle, attend,
dans un quelque-part assez proche,
un appel, afin de s'offrir
à une âme de reconnaissance

Hors d'usage

La nef des fous vogue, le trottoir
scintille des traces de son passage,
quand le vent tourne, quitte la grand-place
où vit le sens communautaire,
et vient accueillir, reconnaître,
les preuves des désarrimés,
qui fuient le temps des grands-molosses
de la ville, hostiles à tout rêve

Assises-portance

Long est le sang qui se répand
depuis les coursives du parcours ;
il faut que se donne toute la chair
pour jeter ses mains devant elle,
afin de saisir l'inconnu ;
et l'on entend, derrière le ciel,
des figures déclamant le prix
à payer, pour ce sacrifice.
Mais les chaumes tiennent ! Résolument !
Comme ancrage dans la petitesse
du se-dire-là vers un ailleurs,
balloté, meurtri, bleu, pourtant,
constellé d'étoiles du rapport

La gloire du vrai

Il y a des rives transparentes !
Il y a des monts d'or bien né !
Et des villes de pierre suspendues !
Le cœur du très-loin les fait vivre,
là-bas, de par la vision
qui s'ouvre dans l'espace du bleu,
entre les deux monts-horizons,
nourri de soleil vertical,
en chaude clarté, pour le regard
persuadé de son mûrissement
comme projection, beauté très pure
témoignant de sa véritance !

In fine

Il s'agissait d'une boulangerie bleue face à la mer, au bout d'une longue descente d'épreuves de toute une vie, elle manquait juste d'un peu de peinture, la porte était restée de bois brut, et si l'on était venu pour cela, au fond, il restait une dernière tâche : faire ce raccord, compléter du terme.

Le méritant

Étant passé à travers le son d'un roi, en quelque part d'une terre plus-que-lointaine (et dans un âge ancien, au temps où les rois savaient encore fleurir de belle âme), et revenu ici serti d'un sens résonnant d'une vraie majesté, l'intérieure, la juste, la féconde.

En âge flétri

Il n'y a pourtant pas beaucoup de fleurs de joie dans le périmètre. Et quand il leur arrive d'apparaître, c'est pour une durée de vie très courte, le temps d'un regard porté sur elles. Il faut croire que l'air de présence relève d'un temps comprimé. Toujours capable d'assumer la mise en œuvre, la vie, des jours, dans un devenir habituel de gestion de son nécessaire, mais se heurtant à des limites qui sont celles du désenthousiasme, d'un horizon tombé par terre, amer, blessé, le souffle court. Des vagues d'histoire peuvent résonner, anciennes, que l'on sait avoir engendré d'autres fleurs, celles-là persistantes, elles furent de vrais éclairages, des petits bonheurs de jointure au sens impulsant l'existence. Mais ce passé ne renaît pas, ne peut renaître.

La très-allègre

Elle accroche des miroirs d'argent non questionné aux paravents du bleu plus-que-profond, qui se promènent dans l'air céleste, au tout là-bas du grand respir. Elle-même est libre de la pesanteur, *absolument*, ayant su répondre à son impulsion. Et l'on se disait, dans les coins et les recoins de ce grand espace des fixes, discrètement, pour qu'elle ne puisse être dérangée, décidément, le temps est davantage enclin à se pencher sur l'image qu'il donne, depuis quelque temps, s'il accueille parfois des mortels pouvant quitter leur terre-à-terre. Ceux qui possèdent, comme elle, un cœur de pinson. Et cela change des cœurs de plomb qui sont le lot de tous les autres, vivant d'esprit à courte vue, de monde fermant.

Temps de soufre

Claquemuraille de tambours d'acier,
le temps devient raide. Ignore
toute compassion. La tentation
de prolonger la nuit infiniment
s'installe, *irréprochable*. Les chevaux de bât
n'ont qu'un picotin déclassé
pour faire passer d'un bord à l'autre
de l'horizon les barres de sel.
Au laid-milieu que prend l'espace
bordant la ville, il y a un cratère
ancien, toujours regardé comme empreinte
du dieu, et continuant à s'exprimer
en fumées pour l'humain toxiques.
Quelques pensées papillonnantes
restant d'une fête de mariage
peuvent bien s'aventurer dans l'air,
elles doivent se dissiper très vite. Blancheur
pesante. Terre suffocante,
d'où nulle échelle ne peut monter

Sens prime

Que vienne une longue plage de sable blanc,
traversant des ronciers rageurs,
des chemins dont la voix ne porte
que des sirènes d'intempérance
et d'invertu, des mares où les vrais sourires
sont obligés de se dissoudre,
et même des clairières dépourvues
de tout séjour de la lumière. Un tel besoin
de présence pure, immaculée,
qui s'étend, et reste intouchable,
sans la moindre compromission,
doit donner au cœur une raison
pour être en aube du temps à soi,
et retrouver un sens de ciel
capable de marcher sur la terre

Du merveilleux

L'anneau d'or de l'escarpolette,
comme sourire de la petite fille
aux anges (ils sont bienveillants),
saute et vole, afin de rejoindre
le champ d'azur. Il y a ce petit miracle
de suspension des gravités
et même de la gravité,
parfois. Pour toutes les présences,
choses et créatures,
les plus fragiles, assurément,
les plus délicates, qui peuvent se mettre,
un temps, hors de portée
de leur destin. Elles savent ainsi trouver,
ou retrouver, un espace du beau
qui les transfigure

Conflit-confluence

Se dire *passe-montagne*, pour quelle vallée ?
Amères sont les cols, on le sait bien.
L'héritage est glace, composé d'un pur
où l'on ne peut vivre, inaccessible.
La clairière-lumière a pris tout son temps
pour se mettre en forme, et non pas devant
ni même au-delà, mais bien tout autour
de soi, et par touches
fragiles, en de rares instants,
peut s'exprimer. Mais demeure, bien sûr,
la masse colossale de la roche-destin,
montant vers le ciel, qui prétend le nier

Réponse

Matin-campagne, le givre obscur
commence à prendre la lumière.
Aucun tragique ne vient sortir
de l'oubli noir de toute histoire.
Il n'y a même pas de tension
dans les volutes d'air qui s'assemblent
pour former l'espace répondant.
Et dans ce là, si l'on ne peut
soi-même se dire virginal,
il y a une jeunesse du cœur
qui vit une naturephanie

Sic transit…

Du temps qui se veut roule-farine,
et dans lequel nous sommes perdus,
sans repères, sans îles sur la mer,
tout amour et toute amitié
morts, et n'ayant, au fond, jamais pu
exister, la tête se délite,
elle est à demi dans la tombe,
se décomposera, pourrira.
Que pense le soleil de notre être ?
Et la lune ? Et toutes les étoiles ?
Il n'y a plus de bord de mer
où dansait l'harmonie du songe
en été-réconciliation,
il n'y a plus de grand silence
cristallisé dans sa beauté

Sa loi, seule

La destinée d'une étoile verte
qui croît dans une petite fissure
entre le mur et le trottoir
peut sembler vraiment admirable.
Les feuilles s'épanouissent largement
comme une corolle sachant garder
toute confiance dans sa raison d'être.
Ce qu'elle ignore, évidemment.
Si cette plante vit, c'est qu'elle doit vivre.
Les hommes, seuls, ne sont pas capables
d'un tel vécu de l'existence,
qui se passe d'autres explications.
Ils ont besoin de perspective,
d'un étant distinct de leur être

En autre même

Car les montagnes des îles du Sud ne furent jamais ivres-mortes, ne connurent aucune inquiétude, et n'éprouvèrent aucun amour. Apparemment. Elles se tenaient sous l'alizé comme si le temps devait durer, inaltérable, impénétrable, et sans paroles ni réactions. Pourtant au Nord, leurs consœurs vivaient dans une prise en monde manifeste, sortant de leur usuelle réserve, leur pesanteur, leur gravité, pour afficher leurs sensations, pour s'interroger à voix haute tant sur le sens de leur destin que sur celui des humains, des animaux et des choses. Quiconque pouvait s'approcher d'elles pensait qu'il était le jouet d'illusions, les montagnes, par définition, ne pouvant être des personnes. Mais c'était bien leur vraie nature qui s'exprimait, qui traduisait leur vie pétrée.

Avant-coureurs

Quelques galets se récoltant
d'eux-mêmes, détachés du sable,
sur la plage du souvenir
non encore passé par le temps
d'existence de son histoire,
pour qu'ils en deviennent les présences,
pour lui donner un à-venir
et même lui laisser entrevoir
le passé d'oubli qu'il aura,
si rien ni personne n'est capable
de lui faire signe, de le nommer,
l'assurer ainsi d'une survie

Beau de mission

En poteau de soleil qui attend, planté ou posé parmi les vagues d'une mer de sable, à l'horizon des points non cardinaux, débarrassés de tout péché originel, et qui attend la musique altière de la grande marche des écureuils, laquelle doit provenir du plus-que-loin, et qui attend pour quitter son environnement et se mettre en route, ouvert à toute demande sincère de support et de reconnaissance.

Fissures

Le soleil tombe froid sur la meute hurlante
des chiens de guerre.
Les couronnes de fruits ne savent plus
à qui se donner.
On perçoit des crissements, et même parfois
des craquements, dans la tâche de la pesanteur.

Retour amont

La beauté du vivre-intrinsèque
à la cour des vertus aimables
passe les saisons ; et ne se montre
jamais plus glorieuse d'elle-même
qu'au fond du parc, dans les salons
du trianon. La grâce
et la légèreté, et le souci de bien montrer
que les poids n'ont vraiment plus guère
de pesanteur, quand les danses viennent,
de l'existence, enchanter l'espace du tenir
unie toute la conviction
d'être ouvert au fluide, au précieux
de l'instant même à célébrer –
cela fait vibrer les images
d'un temps d'avant qui portait simple
un témoignage de l'harmonie rare en justesse
cristallisant le privilège
du sentiment comme raison d'être

Il sait répondre

Naturellement, accueillir l'infini dans une main ne relève pas de l'évidence. Cela suppose plusieurs conditions. D'abord, se trouver dans un champ de chaumes (pour bénéficier de l'appui des petites tiges dressées vers le ciel comme un appel). Ensuite, être bien détaché de soi-même au regard de sa propre histoire, disponible. Puis, quand l'infini vient en présence, ne pas imaginer le voir. Mais seulement le sentir, l'éprouver dans la chair. Et enfin, et surtout, le laisser partir très vite, sans volonté ni regret d'aucune sorte. Sa marque restera dans le cœur du croyant.

Que son règne vienne

Un ange apparut à la fenêtre de l'Orient, tourné vers elle pour y entrer. Mais il semblait hésiter, et cela n'avait rien d'étonnant. Il devait savoir que le monde d'où sort le Soleil pour débuter son épiphanie lui est réservé. Il ne doit pas être gêné, ce Soleil, ou troublé, par une expression céleste, fût-elle porteuse d'une bonne nouvelle.

Eux, sans miroir

Attente du feu de la Saint-Clair,
qui jubile dans son horizon,
au-delà des grèves d'infortune
et des mains usées par le rêve.
Les lucioles ont plus de sagesse.
Elles suivent la voie de la lumière
que leur enseignent les étoiles.
Mais pour les lapins, il faut bien
tenter le jour, donc l'éprouver.
Cela, en terrain découvert,
avec le risque d'un éclair
qui pourrait les anéantir.
Ils ont pourtant un privilège
sur les créatures verticales : ils ne croient pas
à la vertu d'absolution
de l'astre, quand il sort de terre.
Et s'ils peuvent se tourner vers lui,
c'est en hommage, non en appel.
S'ils se fondent dans leur destin,
ils ne connaissent pas l'abandon

Dans leur distance

Les dieux étrangers parlent à travers la Lune. Mais on ne les comprend pas. On ne les a jamais compris. Personne, jamais, ne sera capable de les comprendre. Les dieux domestiques parlent à travers la mousse, les arbres, les sources, les feux dans la cheminée, les œufs tombés du nid, le bond de la mangouste sur le cobra, et même les trilles de l'alouette, à l'aube, et encore, et encore… Pourtant il n'est pas question non plus de les comprendre. Le seul qui en est capable, c'est le Soleil. Et qui serait, en vérité, *insensé* (dit-on) pour le regarder en face et lui demander de s'exprimer ? Un fou, un dissident, un *illuminé* (et la lumière qu'il reçoit est unique). Mais lui, bien sûr, on ne l'écoute pas.

Nouveau Testament

Les presque-atteints par la lumière
de leur volition persuadée,
de leur décision confortée,
de leur dormition inhibée,
cheminent dans le clair-obscur
de l'ombre portée par leur croix
sur un golgotha.
Mais l'histoire, elle, ne se répète.
Elle offre seulement des images
d'un cadre, pour donner un temps
à ceux-là, qui dédaignent l'air
auprès des sources de leur destin,
cherchant la colline du sans-fixe
et son éclairage tout-puissant

Âmes justes

La brille-distance,
la désirée,
dans son apparence de nuée blanche,
qui sait traverser les saisons,
porteuse d'une neige toujours durable,
et même au plus fort du soleil.
« *C'est elle le signe* », disent les lapins
et les renards, qui pour une fois
se retrouvent dans la grande clairière,
déterminés à faire une trêve.
« *Le signe qu'attend notre ciel*
pour l'éclairer d'immaculé,
afin que le monde ici-bas
puisse être imprégné, désormais,
d'une paix profonde, inaltérable »

Exaucez-nous

Il regardait voler une brise de mer, et il savait que ses ailes blanches éléphantines étaient aussi des pavillons, propres à l'écoute – Voler juste au-dessus des grands champs de trèfle, comme lui bien intéressés par cette présence venue de loin. Qui effectuait de larges cercles, à une hauteur point trop forte. Dans une intention manifeste. Les locataires de cette terre devaient sans doute produire des ondes porteuses de leur désir d'élévation, auquel la brise allait répondre.

Incarnation

Sur les rails de l'espace du temps,
tel qu'il est vécu par l'ici-
maintenant, des flocons de bronze
portant des signes divinatoires
viennent tomber. Ils les imprègnent
de l'inconnaissable, qui doit
revêtir sa propre figure
pour vivre en mortalité

Transit

Le dieu oublie
« La Lune à la Terre »,
le nom qu'il a, le plus souvent.
Et il se fait donc oublier.
Sauf les nuits où il se décide
à une manifestation,
en reliant l'orbe pur de l'astre
irradiant sa toute-lumière,
à la planète prise par les ombres,
qui a grand besoin de clarté.
C'est une divinité que seuls
des inspirés de la mémoire
sont capables d'influencer,
en la priant, bien qu'elle refuse
toute image et la moindre empreinte,
de se produire dans sa présence

Pauvre cœur

Ce n'est qu'une statue de cire
non terminée, bien qu'elle approche
de son terme. Lui manque encore
ce qui pour elle est l'essentiel,
l'expression complète d'une image
qui pourrait réunir son fond
au déroulé de son histoire.
Elle a peiné, toute sa vie,
pour se constituer des empreintes
porteuses du sens de son destin.
Mais elle sait bien que sa nature
est faite d'un matériau fragile,
à la durée problématique.
Aussi rêve-t-elle, depuis toujours,
de pouvoir se traduire en pierre,
en espérant peut-être ainsi
avoir quelques chances de survie.
Elle voudrait tant être éternelle…
Pauvre d'elle-même… Sa main,
qui la dessine et qui la forme,
personne, jamais, ne peut la voir,
et son témoignage en sculpture,
qui saura ne pas l'oublier

Une immanence

Il y a de grands intérieurs
de conduits, ou de hauts placards,
très anciens, antiques, pour certains,
qui surgissent, et résolument,
dans le travers de la vision
quand on s'engage sous les voûtes
de la forêt. En eux se montrent
des images de cuirasses dorées,
de belles robes de soie à panier.
Qui inspirent un fort sentiment
de ressentir un espace-temps
sauvé de l'oubli, advenu
comme une résurgence de lumière

Oh ce bonheur…

S'en viennent, libres d'histoire,
des espoirs et des bâtonnets
d'encens, quand tourne la grande farandole
électrisant l'outre-pays,
celui rescapé de la terre
d'origine, après le conflit
qu'un ciel d'ombres avait engagé
par esprit tordu, trop jaloux
des petites joies qu'il sentait
quelquefois plus bas – S'en viennent,
au milieu des temples azurants
(ils reflètent une lumière confiante)
qui poussent auprès des champs de blé,
avec les accents d'argent clair
des flûtes, ne devenant graves
que lorsque le soleil se drape
dans un voile de réticence,
parce que trop d'appels montent vers lui,
émis par d'autres images,
voulant aussi se dire présences
dans une telle *fantaisie*-nature.
Le temps regarde le spectacle
de celles-là, qui peuvent advenir
en laisser-être cristallisant,
et il leur donne une durée
d'émotion pure. La brise est douce,
elle a une bonté pleine au cœur,
lui permettant de se répandre
en une densité très légère,
presque folâtre. Et le destin,
ici, en admettant qu'il ait un nom,
se génère d'un instant à l'autre,
et comme appui du *sens commun*

Quel sortilège ?

Comme une barre de métal épaisse,
qui serait présente tout au fond
de l'espace, dans son horizon,
évidemment inatteignable,
inamovible, et insondable,
et dont la nature d'interdit
s'imposerait en permanence,
quels que soient les jours, les saisons,
non affectée par la lumière,
la brume, ou bien les nuages,
ne devant accorder aux temps,
habitués à voir jusque-là,
dans la ligne au bout de leur monde,
un support permettant d'aller
vers un futur transfigurant,
qu'une marge d'existence étroite,
toute perspective étant bannie,
l'obligation de faire des cercles
réduits au présent du terroir,
et il est facile aussi bien
de se rendre compte que les êtres
devraient s'interdire tout espoir
de prolonger leur durée
dans un infini de survie.
D'où ce destin a-t-il bien pu
s'originer, et quelles intentions poursuit-il,
avec sa loi de fermeture, de sujétion victimisante

Demeure

Au bout de la terre d'agonie
qui dure, semble indestructible,
presque éternelle, s'incarnent les fantômes
des êtres de fragilité,
qui n'ont jamais pu accepter
leur *écœurement*, celui de leurs proches
et de leurs lointains,
que le monde voulait imposer,
par sa loi du silence des âmes.
Tout au bout, sur une plage étroite,
où ne viennent que de petites vagues
portant une discrète écume,
et qui se brisent, et puis renaissent

Demeure, d'autre

Sans bruit. Les pas déportant
de la neige d'accueil, au pays
du pur, l'hyperboréen
lumineux, doivent maintenant se diriger
vers le silence d'une cathédrale
remplie des aurores d'arc-en-ciel,
qu'ils entrevoient, juste là-bas,
dans un horizon comme grand bleu
d'outre-terre. Ils l'ont vue tant de fois en rêve,
mais ils constatent qu'au réel,
c'est elle qui peut venir à eux,
qui souhaite les rencontrer,
pour leur donner une impulsion
supplémentaire, sous forme de reconnaissance,
dans leur démarche ouvrant l'ailleurs

Au sens du croire

Mais il n'y a aucune figure
d'archange, qui se tiendrait
depuis un petit pan d'espace,
dominant, mais sans appuyer,
le cirque des routes ; et pas davantage
quelques reflets de la lumière
qui joueraient avec des graines pures,
marquées de signes spirituels,
ayant essaimé hors d'une ligne
de l'infini ; se voient seulement,
peuvent s'évaluer, sans influence,
de grandes banderoles grises et blanches,
parlant d'un ciel du prosaïque,
celui des êtres rationnels.
Pourtant, quand même, par l'espérance,
pourraient venir, et très doucement,
des pavillons, nombreux, altiers,
portant chacun comme don les belles,
sensibles, couleurs de l'amarante,
du jaune de Naples, du cramoisi,
de la terre verte, et de l'aurore,
de la cendre bleue, qui s'égrèneraient
dans les très minces et délicats
pertuis célestes ; et provenant des grandes cités
d'âge fort ancien, évanescentes,
du très-haut et de l'ici-bas,
et qui seraient bien légitimes
pour accueillir tous les esprits
capables de les invoquer

Retournement

Sur les terres du plus-extrême-Nord, le soleil fait sa révolution dans les cœurs, il tourne autour de la lune, laquelle prend une sorte de revanche sur la loi que depuis toujours il lui impose, n'émettre, par réflexion, que la seule lumière solaire. Orion advient, se montre, se tient, au milieu d'un quartier du ciel toujours le même, l'année durant, et ne descend jamais pour disparaître dans l'horizon de son passé.

Le délaissé

Petit esquif de pain perdu
sur la mer des révélations,
et qui se plaint, n'ayant accès
à la parole. Être organique, ses composants
ont pourtant germé dans la terre,
ils ont hérité d'un pouvoir
d'expression du fond primordial.
Mais le feu, qui lui a donné
la cohérence de sa nature,
a le silence pour vrai langage ;
ne peut donc insuffler des mots
et un parler, aux produits de sa création.
Donc si ce pain éprouve l'amer
sentiment d'une désolation,
c'est parce que là, dans l'étendue
infinie des espaces marins,
il ne peut prétendre espérer
comprendre ce qui lui parvient
comme une rumeur, depuis le ciel,
les voix porteuses d'une inflexion,
peut-être, de son propre destin,
et qui changeraient son existence

Fiat Lux

C'était une armure d'or ancien
ayant gardé toute sa superbe,
ouvragée de cercles d'argent
porteurs de lunes et de soleils.
La lumière, quelquefois, pouvait
s'y refléter, mais en laissant
un sentiment de frustration.
Car elle s'exprimait en silence.
Or cette armure avait besoin
d'une parole qui puisse la situer,
la justifier, dans son histoire
passée, présente, et même peut-être
dans celle assurant une survie,
au-delà du terme pressenti.
Elle se disait : puisque ces astres
figurent sur moi, en s'intégrant
aux composants de ma nature,
et puisqu'ils ont une influence
décisive sur la Création,
ils devraient bien être capables
de m'éclairer, et de répondre
à ma grande préoccupation.
Si le temps de leur existence
se présente comme presque éternel,
pourquoi n'aurais-je, moi aussi,
une durée pour perdurer ?

Comme en visite

La grande ceinture de l'horizon, quelquefois, vient faire deux ou trois pas dans l'ici. Elle délaisse provisoirement l'image de rotondité qu'elle possède, qui la voit enlacer la Terre, un gigantesque privilège dont elle est seule bénéficiaire. Le créé, lui, dans sa déclinaison usuelle, ne s'appréhende qu'en lignes plates, et courtes, à la mesure du champ perçu. Donc quand elle éprouve cette envie de se rapprocher des regards au point de presque les toucher, elle s'intercale, en tant que droite, entre toutes celles qui conditionnent un paysage. Mais où se tient-elle ? Au niveau du sol, ou bien en hauteur, avec la canopée des forêts, la crête des montagnes ? Ou alors même encore plus haut, jointive au ruban de ciel bordant l'étendue terrestre ? En fait, elle peut se déplacer, sur un registre ou sur un autre. Et bien sûr, pour la percevoir dans cette figure autre qu'elle présente, il faut croire en son aptitude à se délocaliser.

Sélénitude

La lune entre dans la maison
presque achevée, qui est elle-même.
Lui manquent seulement les ailes
de ses épaules. Mais aucun souci ne la tient.
Les chouettes qui ululent lui ont dit
que sa pleine nature est prévue
pour demain. S'élèvent du sol des vapeurs blanches,
comme des rumeurs, privées de nom,
et montrant donc un handicap
pour témoigner d'une expression
bien assurée. Elles n'en montent pas moins jusqu'à l'astre,
mais au lieu de se faire couronne,
de l'entourer par un hommage,
elles le masquent, passant, repassant,
devant lui, et sans bien comprendre
ce qu'elles lui créent comme préjudice.
La lune a donc le plus grand mal
à se libérer de ces voiles.
Elle doit attendre qu'ils fassent une pause,
pour retrouver toute sa lumière.
Laquelle ne parvient au plus-bas
qu'un peu inquiète, et non certaine
de pouvoir se dire en durée.
Mais toutefois bien disposée
à éclairer, faire se lever,
les fruits qui dorment sur la terre,
à les faire sortir de leur fond

Nourrir l'ardeur

Le Soleil avait oublié quelques-uns de ses fils d'or sur la Terre, lors du couchant (ou bien laissé volontairement ? Nul ne saurait jamais le dire). Et le matin suivant, très tôt, avec l'Aube, la première lueur à l'horizon, ils se levèrent, portés par une petite brume, qui se tint à faible hauteur, attendant que l'Aurore se montre. Mais elle avait pris du retard. Car tant Lampos que Phaéton avaient manifesté leur intention de ne pas bouger de leurs stalles, dans l'écurie du fond céleste, tant qu'un seul rayon de lumière n'aurait caressé leurs naseaux. L'Aurore pouvait toujours tenter de les convaincre que sans eux, donc sans ses montures, le char ne pouvait pas sortir pour entamer sa course dans l'étendue sombre de l'espace et se traduire comme l'éclairage que les deux chevaux demandaient. Ces derniers restaient obstinés. L'Aurore, presque désespérée, n'était pas loin de l'abandon, de se dire que le jour risquait de ne pas apparaître dans l'irradiation qu'elle inspire, d'être morne, banal, silencieux.
Mais tournant ses regards en bas, elle finit par voir les fils d'or, qui avaient compris son problème. Sur sa demande, ils acceptèrent de lui apporter une aide. Volèrent jusqu'à l'écurie, se présentèrent face aux narines des deux cavales, leur donnèrent un souffle lumineux. Des cavales qui avaient quand même exprimé un désir que l'on peut penser un tant soit peu exagéré, un vrai caprice, de recevoir avant les choses, les êtres, et même tous les dieux, les premiers signes d'un réveil prometteur du monde, qu'elles-mêmes devaient contribuer à créer.

Unité sacrée

La trace du paradis perdu
se construit dans les frondaisons
où joue un instant de lumière ;
dans l'ouverture des pépiements
du vent qui passe entre les chaumes ;
dans la senteur d'aurore que prend
une fleur, avant de se dévouer au jour ;
et dans toutes les ombres portées
d'elles-mêmes, sans aucun miroir,
n'ayant pas besoin d'une histoire
les justifiant, pour s'incarner

Temps de parole

Le ruban de chocolat noir
vole au-dessus du grand
muret bordant la terrasse,
à faible hauteur, en suivant
sa ligne. Il a, par définition,
nettement plus de caractère
que ses cousins nourris de lait.
Donc il souhaite que sa présence
puisse être sentie par les pierres,
pour leur donner le réconfort
d'une compagnie, même insolite,
dans leur solitude habituelle.
Mais passe un rouge-gorge, qui lui dit :
« *Crois-tu qu'elles soient vraiment capables
de perception ? Je les côtoie, moi,
tous les jours ; elles n'ont jamais,
me semble-t-il, fait mine
de comprendre mes salutations.* » Ce à quoi
il est répondu : « *C'est parce que tu te démènes,
tu vas trop vite, dans tout l'espace
de cette terrasse ; en tant qu'oiseau,
tu te comportes comme le vent,
elles ne peuvent t'en différencier ;
les pierres, il faut leur parler
en respectant leur inertie,
laquelle n'exclut pas qu'elles aient
une vraie sensibilité* »

Révélation

Il s'agit d'une translation,
très discrète, presque imperceptible,
mais ressentie dans la vision.
Un glissement d'espace à espace.
Cela concerne le mouvement
d'une grande masse, plutôt vaporeuse,
vers le haut ou bien vers le bas.
Est-ce la terre qui monte vers le ciel,
ou est-ce lui qui pénètre en terre.
Et cela disparaît très vite.
Un éclairage, pourtant, alors,
peut se produire. Ce flux viendrait comme le prélude,
l'avant-coureur, d'un phénomène
devant, bien sûr, rester caché.
Cette masse unique, elle serait double,
issue de la terre, et du ciel ;
elle se fusionnerait en une seule
présence, située entre les deux mondes,
à un niveau intermédiaire,
et incarnant l'union, enfin
acquise, du céleste avec le terrestre

Les Enchantés !

Un plateau-bonheur,
qui vous serait servi tous les matins
de votre seconde vie, la périphérique
de l'autre, malnutrie.
Qui porterait des choses d'essence
de l'existence, on les saurait
en vérité pleinement vraies
et propres à vous illuminer,
peut-être à vous enluminer.
Comme par exemple le frémissement
de joie discrète du glacier
recevant la belle lumière bleue ;
les paraboles tambourinées avec leurs pattes
par les lapins, à la surface
du grand miroir, qui réfléchit
leur tendre cœur ; la porte ouverte
sur le sourire des blocs de pierre
que l'aurore emmène dans son char ;
les larmes douces et pénétrées
de tout l'esprit de la rosée
donnant ses diamants à la terre ;
et la panoplie des flûtes d'eau,
qui posent les enfants incompris
sur les empreintes d'un futur d'or,
pour que leur destinée devienne,
jusqu'à la fin, transfigurante

TABLE

Hors du néant 7
Malgré les nœuds 8
Engendrement 9
Petits pas purs...10
En clair de signe 11
Voie organique 12
Le Sans-Nom...13
Les engagées 14
Le missionné 15
Revenances..16
Au loin-réponse 17
Mort, où es-tu ? 18
Belle âme...19
Les brumes sont claires 20
Fleurs-du-simple..21
Comme jeté ici 22
Les rêts, toujours 23
Détournés 24
Exhortation..25
N'être seul 26
Devant-écrit...27
« So long, Bobby »..28
À l'inconnu d'humanité mortelle 29
Bénis..31
Au pressenti de mort confiante..32
L'héritage vit 34
Transfiguration 35
Grande Chérie 36
La vie belle ! 37
Vers les étoiles 38

Le porte-image	40
Dis-paraître	41
Comme appui	42
Les grands porteurs	43
Lui aussi lutte	44
Evidemment orphelin	46
Détour	47
Gisant de vie continuée	48
Ombre sur terre	50
Les Très-précieux	51
Outrance, coupable	52
En rapport	53
Du ciel une aide	54
Le sentir-vrai	55
Dans leur signe	56
L'annonce	57
D'orientant	58
Pas de reprise	59
Imaginale	60
Autre *part*	61
Parenthèse	62
Ils se justifient	63
Lui sauve	64
Pour survivre	65
Cosmogonie	66
Droit devant	67
L'artisan d'un lien	68
La vie bonne	69
Etoilé ?	71
Pour toi aussi	72
Cœur à prendre	73
L'envoyé	74
Au-delà de voix	75
Elle s'advient	76
Le réparateur	77
Moira	78

Reprise	79
Et le vivre	80
En réunion	81
L'échange	82
Le dieu grand	83
Profils d'écart	84
Tout est sans cache	85
Ceux-là, modèles	86
Figure crue (*à Carlo Michelstaedter*)	87
Notre croisé	88
Mort, quelle victoire	89
Seul aide le double	90
A bras-le-cœur	92
Celui en rêve	93
Le presque-heureux	94
La parole se donne	95
(En rencontre)	96
Hors d'usage	97
Assises-portance	98
La gloire du vrai	99
In fine	100
Le méritant	101
En âge flétri	102
La très-allègre	103
Temps de soufre	104
Sens prime	105
Du merveilleux	106
Conflit-confluence	107
Réponse	108
Sic transit	109
Sa loi, seule	110
En autre même	111
Avant-coureurs	112
Beau de mission	113
Fissures	114
Retour amont	115

Il sait répondre	116
Que son règne vienne	117
Eux, sans miroir	118
Dans leur distance	119
Nouveau testament	120
Ames justes	121
Exaucez-nous	122
Incarnation	123
Transit	124
Pauvre cœur	125
Une immanence	126
Oh ce bonheur …	127
Quel sortilège ?	128
Demeure	129
Demeure, d'autre	130
Au sens du croire	131
Retournement	132
Le délaissé	133
Fiat Lux	134
Comme en visite	135
Sélénitude	136
Nourrir l'ardeur	137
Unité sacrée	138
Temps de parole	139
Révélation	140
Les Enchantés !	141

Structures éditoriales du groupe L'Harmattan

L'Harmattan Italie
Via degli Artisti, 15
10124 Torino
harmattan.italia@gmail.com

L'Harmattan Hongrie
Kossuth l. u. 14-16.
1053 Budapest
harmattan@harmattan.hu

L'Harmattan Sénégal
10 VDN en face Mermoz
BP 45034 Dakar-Fann
senharmattan@gmail.com

L'Harmattan Cameroun
TSINGA/FECAFOOT
BP 11486 Yaoundé
inkoukam@gmail.com

L'Harmattan Burkina Faso
Achille Somé – tengnule@hotmail.fr

L'Harmattan Guinée
Almamya, rue KA 028 OKB Agency
BP 3470 Conakry
harmattanguinee@yahoo.fr

L'Harmattan RDC
185, avenue Nyangwe
Commune de Lingwala – Kinshasa
matangilamusadila@yahoo.fr

L'Harmattan Congo
67, boulevard Denis-Sassou-N'Guesso
BP 2874 Brazzaville
harmattan.congo@yahoo.fr

L'Harmattan Mali
Sirakoro-Meguetana V31
Bamako
syllaka@yahoo.fr

L'Harmattan Togo
Djidjole – Lomé
Maison Amela
face EPP BATOME
ddamela@aol.com

L'Harmattan Côte d'Ivoire
Résidence Karl – Cité des Arts
Abidjan-Cocody
03 BP 1588 Abidjan
espace_harmattan.ci@hotmail.fr

L'Harmattan Algérie
22, rue Moulay-Mohamed
31000 Oran
info2@harmattan-algerie.com

L'Harmattan Maroc
5, rue Ferrane-Kouicha, Talaâ-Elkbira
Chrableyine, Fès-Médine
30000 Fès
harmattan.maroc@gmail.com

Nos librairies en France

Librairie internationale
16, rue des Écoles – 75005 Paris
librairie.internationale@harmattan.fr
01 40 46 79 11
www.librairieharmattan.com

Librairie l'Espace Harmattan
21 bis, rue des Écoles – 75005 Paris
librairie.espace@harmattan.fr
01 43 29 49 42

Lib. sciences humaines & histoire
21, rue des Écoles – 75005 Paris
librairie.sh@harmattan.fr
01 46 34 13 71
www.librairieharmattansh.com

Lib. Méditerranée & Moyen-Orient
7, rue des Carmes – 75005 Paris
librairie.mediterranee@harmattan.fr
01 43 29 71 15

Librairie Le Lucernaire
53, rue Notre-Dame-des-Champs – 75006 Paris
librairie@lucernaire.fr
01 42 22 67 13